ユニバーサルデザインでみんなが過ごしやすい町へ

① 交通機関のバリアフリー
ホームドア・ノンステップバスほか

【監修】白坂 洋一
筑波大学附属小学校教諭

汐文社

ユニバーサルデザインで
みんなが過ごしやすい町へ

❶交通機関のバリアフリー
ホームドア・ノンステップバスほか

もくじ

★本書で紹介しているユニバーサルデザインの施設や設備は、すべての公共施設に設置されているわけではありません。

ユニバーサルデザイン
ってなに?

すべての人が使いやすいデザイン

駅や学校、病院など、町にある建物や施設などには、みんなが過ごしやすい場所になるよう、さまざまな工夫がほどこされています。そのような工夫を、「ユニバーサルデザイン」といいます。

「ユニバーサルデザイン」の「ユニバーサル」には、「すべての人の」「普遍的な」という意味があります。つまり、「すべての人が使いやすいデザイン」というわけです。では、「すべての人」とは、どんな人でしょうか?

町に出ると、年齢や性別、国籍などのちがう、さまざまな人がいます。そのすべての人ができるだけ生活に支障のないように、環境をととのえるのが、ユニバーサルデザインの考え方といえるでしょう。

ユニバーサルデザイン
＝
すべての人が
使いやすいデザイン

この本では、子どもたちが「ユニバーサルデザイン」を探しに町へ出かけます。
では、「ユニバーサルデザイン」って、なにかわかりますか？
みんなが町で快適にくらすために、必要なものなのです。

町にはさまざまなバリアがある

ユニバーサルデザインと近い意味の言葉に、「バリアフリー」があります。「バリア」は「障壁」という意味で、「フリー」は言葉のあとについて、それがないことをあらわす言葉です。つまり、「障壁がない」という意味になり、障がい者やお年よりなどに配慮した施設や設備を指します。

一方、ユニバーサルデザインは、障がいの有無や年齢といった身体的な障壁だけではなく、すべての人にとって障壁のないことをめざすものです。みなさんも町に出て、いろいろな人に「困っていること」を聞いてみましょう。実にさまざまな障壁（バリア）があることに気づくはずです。

町にあるさまざまな障壁（バリア）

 足腰が弱くなって、階段の上り下りがたいへんです

 耳が不自由なので、アナウンスがよく聞こえないんだ

 目が不自由なので、前に障害物があると進めないんです

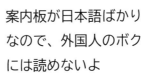 案内板が日本語ばかりなので、外国人のボクには読めないよ

赤ちゃんのおむつをかえたり、ミルクをあげたりする場所がないわ

道に段差があって、車いすで進むのがたいへん

➡ ほかにもたくさんあります。みんなで探してみましょう。

町にあるユニバーサルデザインを探して、駅にやってきました。
駅には、いろいろな工夫がほどこされています。
矢印のところには、どんな工夫があるでしょうか。

くわしくは、
次のページを
見てね！

駅にほどこされた工夫

🔍 きっぷの自動券売機（じどうけんばいき）

画面には、日本語と英語が表示（ひょうじ）でき、外国からのお客さんも迷（まよ）わずにきっぷが買えるようになっています。

車いすが入るように、下があいてるんだって

🔍 路線図や時刻（じこくひょう）表

色を見わけることがむずかしい人にもわかりやすい色づかい（カラーユニバーサルデザイン ➡ 17ページ）をしています。

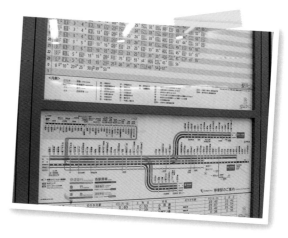

🔍 自動改札機

車いすのマークがついている自動改札機は、車いすやベビーカーがスムーズにとおれるように、はばを広くしています。

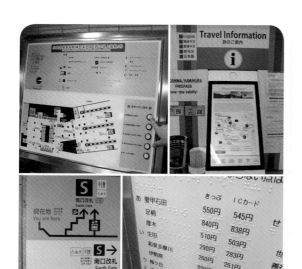

🔍 さまざまな案内板

英語などの外国語や、目の不自由な人のための点字、ピクトグラム（ひと目で情報がわかるように工夫された絵文字）などを上手に使って案内しています。

音声で知らせるものもあるんだね

🔍 エレベーター

お年よりや妊婦さん、車いすを使っている人など、優先的にエレベーターを使ってほしい人をピクトグラムで表示しています。

注目！

注目！

大人にまじってならばなくてもいいね

🔍 トイレや授乳室

子どもやママ・パパが便利に使えるように、子ども専用のトイレや、赤ちゃんのオムツをかえられる授乳室があります。

駅にはどんな工夫があるのかな？

9

駅ではたらく人に聞いてみよう

駅ではたらく人に、仕事中に気をつけていることや、エピソードなどを聞いてみました。

ハンディキャップのあるお客さんに対して、どんな対応をしていますか？

BLUE RIBBON PRIZE
Japan Railfan Club
ROMANCECAR GSE
2019

わ～！　箱根に行く
特急ロマンスカーだ

小田急電鉄株式会社　新宿駅　諸星 徹さん

　お年よりやハンディキャップがあるお客さまを見かけたら、まずは「なにか、お手つだいできることはありますか？」と、声をかけるようにしています。乗り場への案内や、車両に乗り降りするときに必要なスロープの用意、階段でのベビーカーのもち運びなど、それぞれが希望するお手つだいをしています。

外国のお客さまにも身ぶり手ぶりを加えて、ていねいに案内します。

ハンディキャップのあるお客さんの介助のしかたやルールは、どのように決まっているのですか？

小田急電鉄株式会社 旅客営業部 **尾形 信哉**さん

　私がはたらく小田急電鉄では、国が「バリアフリー法」という法律をつくる前から、だれでも安心して使えるような独自のマニュアルをつくっています。このマニュアルには、お客さまに、安全かつ安心して電車に乗ってほしいという、小田急電鉄ではたらく社員みんなの思いがたくさんつまっているんですよ。

外国のお客さんに観光案内をして、うれしかった思い出はありますか？

株式会社小田急トラベル
小田急旅行センター 新宿西口
李 睿率さん（写真左）

この駅の案内所では、いつでも数カ国語に対応できるスタッフがいます。

　以前、私の母国の韓国から来たお客さまを案内したときのことです。出身地が同じということで仲よくなったうえに、そのお客さまが私の案内をわかりやすかったとよろこんでくれて、安心してくださったのか、翌月には家族でいらっしゃいました。その次の月に親戚も連れて案内所をたずねてこられたときは、とてもうれしかったです。

駅ではこんなことに注意しよう!

⚠ お年よりや妊婦さんなどにはエレベーターをゆずる

すこしの思いやりで、みんなが気もちよく駅を使えるようになります。

たとえば、ホームから改札階へエレベーターで行くときに、お年よりや妊婦さん、体が不自由な人などがいたら、その人たちが先にエレベーターに乗れるようにするのが、相手への思いやりにつながります。また、ボタンの操作などのお手つだいをするとよいでしょう。

⚠ 点字ブロックの上には立ち止まらない

　点字ブロックは、目の不自由な人が安全に通行するための大切なサインです。駅の通路にある点字ブロックの上に人が立ち止まっていると、目の不自由な人がぶつかってけがをしたり、それ以上は先に進めなくなったりすることがあるので、点字ブロックの上には立ち止まらないようにしましょう。

⚠ 階段で困っている人がいたらまわりの人に協力をお願いする

　目の不自由な人やお年よりが階段で困っていたら、「お手つだいしましょうか？」と声をかけましょう。もし、「お願いします」といわれたら、荷物を持つなどして、できる範囲でお手つだいしましょう。もし、お手つだいに困ったら、まわりの大人や駅員さんに協力をお願いしましょう。

駅のホームや電車のなかには
どんな工夫があるのかな？

駅の改札をとおって、ホームにつきました。

ホームや電車のなかにも、たくさんの工夫がほどこされています。

矢印のところには、どんな工夫があるでしょうか。

くわしくは、
次のページを
見てね！

駅のホームにほどこされた工夫

🔍 スロープと手すり

注目！

段差のある場所には、スロープが設置されています。子どもも使いやすいように、手すりは2段になっています。

手すりには、進む方向がわかるように点字の説明があるよ

🔍 階段

色を見わけるのがむずかしい人に、階段があることを知らせるために、「段差識別シール」がはられています。

注目！

色のなまえがひらがなで書かれているから、色を見わけにくい人にもわかりやすいね

小田急ロマンスカー

乗車位置 あおいろ/Blue
Boarding point for
Limited Express "Romancecar"
E

🔍 乗車位置案内

乗りたい車両にすぐに乗れるように、ホーム上の乗車位置には、特急の種類や号車番号が色わけして書かれています。

🔍 さまざまな案内板

電車がどのホームから出るのかがすぐにわかるように、電車の種類によって案内板の色を変えています。

🔍 さまざまな点字ブロック

目の不自由な人のために、「ここから先に出てはいけない」ことを知らせるための点字ブロックがあります。

ホームのはしには、色を見わけるのがむずかしい人のためにラインもあるよ

🔍 ホームドア

乗客の多い駅などでは、乗客がホームに落ちたりしないように、ホームドアが設置されているところもあります。

カラーユニバーサルデザインとは？

生まれながらに色を見わけることがむずかしいことを、近年は、「色覚多様性」などといいます。このような人たちのために、看板や印刷物などの色づかいを工夫することを「カラーユニバーサルデザイン」といいます。

電車のなかにほどこされた工夫

🔍 手すりとつり革

手すりはすべりにくい素材を使い、つり革は場所によって高さを変えて、背の高い人、低い人でもつかみやすくしています。

🔍 車いす・ベビーカースペース

車いすやベビーカーを利用する人が優先的に使えるスペースです。

🔍 優先席

座席や照明の色が、ほかの座席とちがっていて、優先席だということがすぐにわかるようになっています。

注目！

注目！

手すりも色を変えたり、もちやすくなったりしているよ

緊急停止したときに
ドアをあけるためのレ
バーもついています。

🔍 防犯カメラとドアレバー

車内での犯罪やトラブルをふせぐために、ひとつ
の車両に数台の防犯カメラが設置されています。

防犯カメラの映像は
運転席で見ること
ができるよ

しきり板が高いので
立っている人と
座っている人が
ぶつからないね

9号車
1番ドア

🔍 とびらまわりの工夫

目の不自由な人のために、とび
らの前に点字ブロックをおいた
り、とびらに点字シールをはっ
て何号車の何番ドアの前にいる
のかを知らせたりしています。

こんな工夫もあるよ！

車両間のドア

車両を行き来するドア
は、弱い力でもかんた
んにあけられるように
なっています。

スロープ

ホームと車両のあいだにわたして、車
いすを利用する人が乗り降りしやすく
します。

電車をつくる人や車内ではたらく人に聞いてみよう

電車の開発チームの人や車掌さんに話を聞いてみました。

あたらしい電車を開発するときに、どんなところに気をつけていますか？

小田急電鉄株式会社　運転車両部　渡辺 智匡さん

　乗務員や車両の整備士はもちろん、ふだん電車に乗っているお客さまの意見もとり入れながら考えました。いろいろなアイデアが集まりましたが、実現できるものとできないものとがあって、設計前の準備だけで1年もかかりました。その分、車両が完成したときは、とても感動しました。

つり革の高さや、手すりの角度など、こまかいところを何度も調整します。

あたらしい電車の開発で、苦労したことはなんですか？

小田急電鉄株式会社　運転車両部　**細野 光司**さん

　運転席の10分の1のモックアップ（試作品の模型）をつくるのが大変でした。乗務員が運転しやすくするために、「どの場所にどのボタンをおいたらいいのか」などの意見をかわしながら考えました。また、こだわりをたくさんつめこみすぎると、整備士の仕事が大変になるので、整備しやすいというポイントも大事にしました。

車掌さんは、仕事中にどんなことに気をくばっていますか？

電車の動きだけでなく、ホームにいるお客さまにも、つねに気をくばっています。

小田急電鉄株式会社　運転車両部
車掌　**高久 明日香**さん

　車掌の仕事は、電車を利用するお客さまがきちんと乗り降りできるように見守ることです。お年よりの場合は、安全に乗ってから、さらにひと呼吸をおいて、とびらをしめるようにしています。ベビーカーを使用するお客さまの場合は、あとからもうひとりお子さんがついてくることもあるので、気をつけて見ています。

ホームや電車のなかでは こんなことに注意しよう！

⚠ 優先席はお年よりや妊婦さんなどにゆずる

優先席に座っているときに、お年よりや妊婦さんなど、長時間立っていると体にふたんがかかってしまう人たちが乗って来たら、「どうぞ」と声をかけて、席をゆずりましょう。

また、ペースメーカー（心臓のはたらきを助ける機械）を使っている人がいるかもしれないので、電車が混雑しているときは、優先席の近くでは携帯電話やスマートフォンの電源を切りましょう。

⚠ 車いすやベビーカーに スペースをゆずる

車いす・ベビーカースペースは、車いすやベビーカーを安全に置くための場所です。もし、この場所に立っているときに、車いすの人やベビーカーの親子が乗ってきたら、別の場所に移動してスペースをゆずりましょう。また、車いすやベビーカーを使用する人が電車を降りるときは、とおりやすいように道をあけるようにしましょう。

⚠ ホームドアにはもたれかからない

ホームドアは、乗客がホームから線路に落ちないようにするための大切な設備です。しかし、ホームドアにもたれかかったり、荷物を立てかけたりすると、場合によっては電車と人やものが接触して、事故が起こる可能性があり危険です。もたれかかったり、荷物を立てかけたりしないようにしましょう。

バスには
どんな工夫があるのかな？

次は 立川
たちかわ
Next Tachikawa
立川
다치카와

220 →
216

駅や電車の次は、バスについても調べることにしました。

バスもいろいろな人びとが乗るため、たくさんの工夫がほどこされています。

矢印のところには、どんな工夫があるでしょうか。

くわしくは、
次のページを
見てね！

バスにほどこされた工夫

🔍 ノンステップバス

段差がなく、乗り降りしやすいバスです。スロープを引き出すと、車いすもスムーズにバスに乗れます。

車の高さも上下するんだね!

🔍 手すりとつり革

車内をより安全に移動できるように、いろいろな場所に手すりとつり革が設置されています。

降りたいときに押すボタンは、外国のお客さんでもわかるよう英語で書かれています。

🔍 優先席

お年よりや妊婦さんが優先的に使えることを、ピクトグラムで示しています。優先席付近はつり革の色もちがいます。

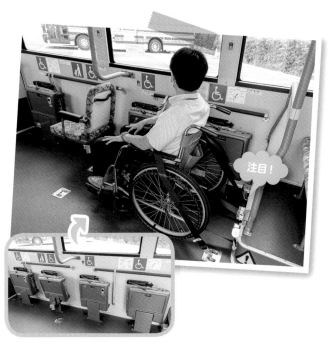

注目！

🔍 車いす・ベビーカースペース

車いすやベビーカーを使用する人でも安心して乗車できるように、座席をたたむと車いす2台分のスペースができます。

ベルトで固定できるから安心だね！

🔍 さまざまな案内表示

英語や中国語などの多言語表示やピクトグラムなど、外国のお客さんにもわかりやすくしていたり、ランプや音声で注意をうながしたりしています。

バスに乗るときのマナーや注意事項などがピクトグラムで示されています。

外国のお客さんのために、英語・中国語・韓国語でも表示します。

注目！

ランプの色が変わった！

ドアが開閉するときに、ランプが点滅します。

バスではたらく人に聞いてみよう

バスの運転士さんたちに、運転中の注意点やエピソードなどを聞いてみました。

いつからユニバーサルデザインの取り組みをしているのですか？

営業所にもどってきたバスは、点検・掃除されてピカピカになります。

バスの整備中だね！なかには機械がいっぱいあるね

立川バス株式会社　運輸営業部　車両課　石井 利幸さん

　1998年からノンステップバスを取り入れはじめました。バスの車体は、走行距離が100万キロメートルを超える前に、だいたい16〜17年くらいであたらしいバスを導入するようにしています。

　また、押しボタンなどの部品は、メーカーからあたらしいものが発売されたら、どのようなお客さまでも使いやすいか、より安全に利用できるかどうかを社内で検討して、採用を決めています。

お年よりや体の不自由なお客さんには、どんなことに気をつけていますか？

立川バス株式会社　福生営業所　運転士
小林 雅行さん

　お客さまが快適に乗車できるよう気をつけています。たとえば、動きがゆっくりなお年よりには、ちゃんとバスに乗りこんで座席に座られたのを確認してから発車するようにしています。また、車いすの人には、バスから降りて、どこまで行くのかをうかがって、スロープを出し、希望があれば乗車のお手つだいもします。

バスの運転士をしていてよかったと思うのはどんなことですか？

出発前には、安全のためにミラーなどを入念にチェックします。

　当社のバスは乗車口が後ろで、降り口が前にあります。そのため、目的地についたお客さまが降りられるときに、よく「ありがとう」と声をかけられます。朝は、常連の学生さんやビジネスマンが「おはよう」「行ってきます」とあいさつをしてくれます。たったひと言ですが、そのあいさつを聞くとうれしくなりますね。

バスのなかやバス停では こんなことに注意しよう！

⚠️ お年よりや体の不自由な人などには席をゆずる

バスは、お年よりや体の不自由な人、けがをしている人、妊婦さんや赤ちゃんをだいている人など、いろいろな人が使います。そのような人たちは、長時間立っていると体にふたんがかかります。そこで、そのような人たちを見かけたら、「どうぞ」と声をかけて、すすんで座席をゆずりましょう。

また、目の不自由な人がいたら、どこで降りるかを聞いて、代わりに「止」ボタンを押してあげましょう。

⚠️ バス停では静かに待って、まわりをよく見る

　バス停でバスを待つときは、列にならんで待ちましょう。ほかの人のめいわくになるので、バスを待っているときに大声でおしゃべりするのはマナー違反です。

　また、もし目の不自由な人がいたら、代わりに時刻表を見て読んであげたり、耳の不自由な人にバスが来ていることを教えてあげたりしましょう。

⚠️ バスに乗っているときはできるだけ動き回らない

　バスは走っているときにゆれたり、急ブレーキがかかったりする場合があります。そんなときに、立ち上がって動き回るとけがをしたり、まわりの人にぶつかったりしてしまうので、できるだけ動き回らないようにしましょう。

　また、バスが満席で立って乗るときは、つり革や手すりにしっかりつかまりましょう。

エレベーターのひみつ

鏡

エレベーターの奥の壁には、車いすの人が後ろ向きに出るとき、背後が見えるようにするための鏡がついています。

操作パネルの位置

子どもや車いすの人でも操作できるよう、高いところだけではなく、低いところにも操作パネルが設置されています。

手すり

エレベーターのなかには、お年よりや体の不自由な人が、身体をさえられるように、手すりがついているものがあります。

エレベーターによっては、車いす用の操作パネルを使うと、開いている時間が長くなるものがあるんだって

ユニバーサルデザインの代表的なもののひとつに、エレベーターがあります。
エレベーターは、車いすやベビーカーで移動するのに便利ですが、
ただ便利なだけではない、さまざまな工夫がほどこされているのです。

画面表示と音声

最近のエレベーターは、階数を表示する画面が大きくなっていたり、ボタンを押したときに音声で知らせたりします。

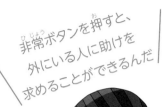
非常ボタンを押すと、外にいる人に助けを求めることができるんだ

非常ボタンと防犯カメラ

エレベーターのなかで故障やトラブルが起こったり、困っている人がいたりしたときのため、防犯カメラと非常ボタンがあります。

文字も大きくて見やすいね

操作ボタン

ボタンには点字をつけたり、文字のところをでこぼこにしたりして、目の不自由な人でもわかるようになっています。

エレベーターを使うときの注意

・お年よりや、車いす・ベビーカーを使用する人を優先させる。

・とびらが閉まりはじめたら、無理に乗ろうとしない（かけこまない）。

・困っている人がいたら、「何階に行きますか？」と聞いて、代わりにボタンを押す。

・エレベーターのなかでは、大声で話したり、さわいだりしない。

・ペットのリードやロープなどをとびらにはさまないようにする。

★すべてのエレベーターに同様の設備がほどこされているわけではありません。

みんなで調べよう
ユニバーサルデザイン

✏️ 調べたことを発表しよう

　下の図は、これからみなさんが町のユニバーサルデザインについて調べたことを発表するにあたって、その進め方を記したものです。この本では、この流れにそって、調べ方を説明します。

　第１巻では、**1**と**2**について説明していきます。

1 ▶	町にある工夫を見つける

▼

2 ▶	興味(きょうみ)を持ったことについて調べる

▼

3 ▶	報告(ほうこく)するための原稿(げんこう)の構成(こうせい)を考える

▼

4 ▶	実際(じっさい)に原稿(げんこう)を書く

▼

5 ▶	みんなの前で発表する

みなさんが住む地域にある公共施設では、みんなが過ごしやすい場所になるように、どんな工夫がされているか、実際に調べてみましょう。そして、調べたことを発表しましょう。

1 町にある工夫を見つける

みなさんが住む町では、どんな工夫があるか見つけましょう。いつも行く場所の様子を思い出してみたり、この本に出てくる3人の子どもたちのように、実際に町に出て探したりしてみましょう。

町に出て気になるものを見つけたら、写真に撮っておくとよいでしょう。

スロープ

外国語で書かれた
案内表示

点字ブロック

ホームドアって、
最近よく見かけるように
なったけど、
いつからあるのかな？

ホームドア

音響用押しボタン

35

2 興味を持ったことについて調べる

　1で気になるものを集めたら、そのなかから興味を持ったことについて調べましょう。調べ方には、下の表のようなものがあります。

　たとえば、駅にあるホームドアについて、いつごろできたのか、どのような人の役に立つのかなどを知りたいと思ったら、実際に駅へ見に行ったり、本や資料で調べたりしましょう。インターネットでも調べることができます。

人に聞く（インタビュー）

興味を持ったことについて、くわしい人に直接話を聞きます。話を聞くときは、相手が自分たちのためにわざわざ時間をとってくれていることを意識して、ていねいな態度で質問しましょう。

本や資料で調べる

図書館や書店で本を探したり、役所や観光案内所などでガイドブックなどの資料を探したりして、調べてみましょう。

アンケートを取る

興味を持ったことについてどう思うか、たくさんの人の考えを聞いてみましょう。一人ひとりにインタビューする方法と、アンケート用紙を作って書いてもらう方法などがあります。

インターネットで調べる

インターネットで調べることで、よりあたらしい情報や世界の情報などを見つけることができるかもしれません。しかし、うその情報もまじっていることがあるので、本や資料と照らし合わせながら、正しい情報を見きわめましょう。

実際に現地で調べる

興味を持ったことについて、実際に現地に行って確かめてみましょう。現地で調べるときは、その場所を管理する人の許可を取り、まわりの人のめいわくになったり事故が起こったりしないように注意が必要です。

じゃあ、図書館で調べてみよう！

✐ 調べたことをワークシートに書く

調べたことを、次のページにあるワークシートに書き入れてみましょう。ワークシートを使うときは、必ずコピーして使うようにしましょう。

ワークシートの記入例

写真があれば、はりつけておこう

町にある興味を持ったものと、気になったことを書いてみよう

町にあるユニバーサルデザインを探そう!

名前 [   ]

① 町の工夫で興味を持ったところ

ホームドア
・いつごろできたのか?
・どんな工夫があるのか?
・どのような人に役立っているのか?

② 調べてわかったこと

・日本では、1970年の日本万国博覧会の会場内を走るモノレールで設置したのが最初で、鉄道では新幹線の熱海駅が最初。
・2000年に施行された「バリアフリー法」で、新しくできる路線にはホームドアをつけるのが義務づけられた。

・電車が止まってから開き、電車のドアが閉まってから閉まるようになっている。
（電車とホームドアの間に人がはさまるのを避けるため）
・ホームがせまくてドアが置けない駅では、ロープを使ったものがある。

・ホームに人が落ちたり、電車と人がぶつかったりしないために設置する。
・目の不自由な人がホームに落ちないように。
・車いすやベビーカーが動いてホームに落ちないように。

③ 参考にした資料 (本の場合は、著者名、出版社名、発行年も)

『ユニバーサルデザインがわかる本』〇〇〇〇著（△△出版）2018年 P65、122
『知りたい! ホームドア』□□□□著（××出版）2019年 P15、16、17
国土交通省ホームページ https://www.mlit.go.jp/xxxxxx/YYYY.html

コピーして使ってください

参考にした本や資料の名前やページ数、ホームページのアドレスなどを記録しておこう

自分で調べたことを、箇条書きでも、メモのようなものでもいいので、自由に書き込んでいこう

町にあるユニバーサルデザインを探そう!

名前 [   ]

① 町の工夫で興味を持ったところ

（写真があればここにはる）

② 調べてわかったこと

③ 参考にした資料（本の場合は、著者名、出版社名、発行年も）

コピーして使ってください

さくいん

監修◆白坂 洋一（しらさか・よういち）

1977 年生まれ、鹿児島県出身。鹿児島大学大学院修士課程修了。鹿児島県公立小学校教諭を経て、2016 年度より筑波大学附属小学校教諭。全国国語授業研究会理事、「子どもの論理」で創る国語授業研究会会長を務める。著書に『言語活動を充実させるノート指導』(学事出版)、『「子どもの論理」で創る国語の授業－読むこと－』（明治図書出版）など多数。

＊**取材協力**：小田急電鉄株式会社
　　　　　　　立川バス株式会社

＊**参考資料**：国土交通省ホームページ
　　　　　　　総務省ホームページ
　　　　　　　一般社団法人日本エレベーター協会ホームページ

＊**イラスト**：イクタケ マコト
＊**取材・文**：安倍 季実子（P.6〜31）、澤野 誠人（P.4〜5、32〜38）
＊**写　　真**：編集部（P.8〜11、P.16〜21）、鈴木 智博（P.26〜29）、
　　　　　　　小田急電鉄株式会社（P.17ホームドア、P.19スロープ単体）
　　　　　　　株式会社日立ビルシステム（P.32〜33）、PIXTA（P.19スロープ乗降、P.35、P.37）
＊**装丁デザイン**：西野 真理子（株式会社ワード）
＊**本文デザイン**：佐藤 紀久子、西野 真理子（株式会社ワード）
＊**製作協力**：株式会社ワード

ユニバーサルデザインで
みんなが過ごしやすい町へ

❶交通機関のバリアフリー　ホームドア・ノンステップバスほか

2020年 9月　初版第1刷発行
2022年12月　初版第3刷発行

監修者　白坂 洋一
発行者　小安 宏幸
発行所　株式会社汐文社
　　　　〒 102-0071　東京都千代田区富士見 1-6-1
　　　　電話 03-6862-5200　ファックス 03-6862-5202
　　　　URL https://www.choubunsha.com
印　刷　新星社西川印刷株式会社
製　本　東京美術紙工協業組合

ISBN978-4-8113-2785-3